AF244577

LES
LIBERTÉS NÉCESSAIRES

Paris. — Imprimerie A.-E. ROCHETTE ET Cᵉ, boulevard Montparnasse, 72-80

LES
LIBERTÉS
NÉCESSAIRES

PARIS

E. DENTU, LIBRAIRE ÉDITEUR

PALAIS-ROYAL, 17 ET 19, GALERIE D'ORLÉANS

1866

LES
LIBERTÉS NÉCESSAIRES

1

Tout le monde aujourd'hui parle de la liberté ; très-peu
la comprennent. Il est cependant nécessaire de savoir en
quoi consiste la liberté, pour défendre celle qu'on a et récla-
mer celle qu'on n'a pas. Essayons d'abord de nous en faire
une idée juste ; nous verrons ensuite quelles libertés possède la France et quelles libertés lui manquent. C'est le seul
moyen de clore le débat qui se renouvelle sans cesse à la
tribune comme dans la presse. Une question bien posée et
dégagée de tout ce qui l'obscurcit est aux trois quarts
résolue.

2

Dans son sens absolu, la liberté est la faculté de pen-
ser, de dire et de faire ce qu'on veut.

La liberté est l'essence même de l'homme : c'est elle

qui le met en possession de lui-même, qui constitue sa personnalité et sa responsabilité, qui le distingue de toute autre créature, qui, en un mot, le fait homme.

C'est donc avec raison que les propriétaires d'esclaves les considèrent non comme des hommes, mais comme une sorte de bétail à leur usage; et c'est aussi pour cela que le crime de l'esclavage, qui transforme l'homme en brute, est le plus grand des crimes.

Par la même raison, les meilleures institutions politiques et sociales sont celles qui contribuent le plus au développement de la liberté humaine, et les pires de toutes, celles qui lui imposent le plus d'entraves.

Mais il faut distinguer entre une faculté et le droit d'en user.

La liberté de l'homme n'aurait d'autres limites que celles de sa puissance, si, en sa qualité d'être moral, il ne se trouvait en présence de la grande loi du bien et du mal, qui lui prescrit de faire l'un et d'éviter l'autre, et s'il ne vivait en société avec d'autres hommes doués aussi d'une liberté qu'il doit respecter comme ils sont tenus de respecter la sienne.

Le droit de l'homme est donc limité par son devoir, sa liberté par celle des autres.

Les droits et les devoirs de la liberté sont tracés d'abord par la loi morale que la conscience révèle à chaque homme, puis par les lois humaines qui confirment et complètent la loi morale.

La loi morale est la même pour tous les hommes; les lois humaines qui en dérivent doivent être également les mêmes pour tous.

Une loi qui permet aux **uns** ce qu'elle défend aux autres, qui prescrit à ceux-ci des obligations dont elle dispense ceux-là, ou qui accorde à une partie des membres d'une société des avantages qu'elle refuse à l'autre partie, est une loi de privilége, par conséquent, d'iniquité. La liberté naturelle étant la même chez tous, la loi doit être faite également pour tous. L'égalité devant la loi est la condition fondamentale de la liberté.

La liberté est une ; mais elle prend différents noms selon les différents objets auxquels elle s'applique et les différents moyens par lesquels elle se manifeste. De là cette grande division en liberté *religieuse*, liberté *civile*, liberté *politique*.

3

La *Religion* est l'ensemble des rapports entre l'homme et Dieu, entre la vie présente et l'autre vie.

Les différentes croyances qui se sont établies sur ces rapports et les pratiques extérieures par lesquelles elles s'expriment, constituent les religions diverses.

La liberté religieuse consiste dans le droit, égal pour tous, de choisir entre ces différentes religions, de s'en faire une nouvelle, et même de n'en avoir aucune.

Elle implique également le droit pour tout homme de pratiquer, par le culte extérieur, la religion préférée, de parler et d'agir en sa faveur, pourvu qu'il respecte la même liberté chez les autres.

Toutes les lois humaines qui imposent des croyances

ou des pratiques religieuses particulières sont attentatoires à la liberté. La loi humaine ne peut statuer que sur les rapports des hommes entre eux ; ceux qu'ils ont avec Dieu ne sont pas de son domaine. La seule exception concerne les manifestations religieuses qui intéressent l'ordre public.

Il ne peut donc y avoir aucune religion d'Etat, mais seulement des religions de majorités et de minorités, auxquelles l'Etat doit une égale protection.

4

La *liberté civile* est celle du citoyen, et il n'y a de citoyens que dans les Etats libres.

Elle consiste dans le droit de disposer de sa personne et de ses biens selon sa volonté, dans les limites tracées par les lois légitimes.

Les lois qui règlent la liberté des citoyens ne sont légitimes qu'à la double condition de n'être point contraires à la loi morale et d'être les mêmes pour tous.

Toute loi civile qui choque la conscience humaine ou qui répartit inégalement les droits et les devoirs des citoyens, viole la moralité et détruit la liberté en même temps que l'égalité.

Devant la loi civile il n'y a ni grands ni petits, ni riches ni pauvres, ni nobles ni roturiers ; il n'y a que des hommes de même nature qui doivent, par conséquent, être soumis aux mêmes règles, participer aux mêmes charges et pouvoir aspirer aux mêmes avantages. Les priviléges de race et de classe ne sont fondés que sur l'ignorance et la faiblesse des uns, sur la force et l'habileté des autres ; ils sont également réprouvés par le droit et le bon sens.

Les lois civiles ayant pour objet de régler les rapports des membres de la famille aussi bien que ceux de la société, toute loi qui établit des priviléges de l'homme sur la femme, ou des différences entre les droits des enfants, n'est pas moins contraire à la liberté et à l'égalité naturelles que celle qui crée des priviléges entre les membres d'une même société.

Ainsi, dans l'ordre civil comme dans l'ordre religieux, la condition essentielle de la liberté est l'égalité.

Cette condition n'est pas moins nécessaire à la liberté politique.

5

La liberté *politique* est le droit, pour tous les membres d'un État, de concourir à sa constitution, à ses lois, à son administration.

Ceux qui n'ont pas ce droit ne sont pas des citoyens, mais les sujets de ceux qui l'ont, puisqu'ils sont obligés de se soumettre aux lois et règlements que ces derniers leur imposent. Nul ne compte dans l'État s'il n'a le droit d'y exercer son action, et quand un seul a ce droit, c'est avec raison qu'il peut dire : « L'État c'est moi. »

Il est impossible que tous les citoyens d'un État participent directement à l'établissement de sa constitution, à l'élaboration de ses lois, à l'administration de ses affaires ; ils ne peuvent y intervenir que par leurs représentants.

Mais ceux-ci n'ont de mandat légitime qu'à la condition de le tenir du libre choix de leurs concitoyens.

6

La Constitution d'un Etat ne doit renfermer que les bases de son organisation politique et sociale, les principes de sa législation, la forme et les conditions fondamentales de son gouvernement, les droits et les devoirs généraux des citoyens ; elle est d'autant meilleure qu'elle est plus courte et plus simple.

La Constitution d'un peuple n'est pas toujours écrite ; souvent elle consiste en un certain nombre de principes établis par le temps, identifiés peu à peu avec la conscience publique et passés dans les mœurs.

Souvent aussi la Constitution est le résultat du travail d'un législateur ou d'une assemblée spéciale que le peuple charge de la rédiger.

Mais, quelle que soit son origine, la Constitution étant l'acte le plus important de la souveraineté nationale, et la souveraineté résidant dans l'ensemble des citoyens, aucune constitution n'a de valeur que si elle est fondée sur leur consentement exprimé ou tacite.

Aussi toutes les constitutions des Etats libres sont-elles soumises, du moins dans leurs points fondamentaux, à la ratification du peuple.

7

Les lois proprement dites doivent avoir la même origine populaire. Ces règles qui répondent aux différents besoins d'une nation, qui prescrivent à chaque citoyen ce qu'il doit faire et ne pas faire, et qui édictent des peines contre ceux qui les enfreignent, n'ont d'autorité légitime qu'à la condition d'être l'expression fidèle de la volonté nationale.

Tous les citoyens ne peuvent être appelés à la confection des lois ; c'est pour cela qu'ils nomment un certain nombre de représentants, investis par eux du pouvoir législatif, c'est-à-dire chargés de discuter, de voter ou de rejetter au nom du peuple les lois proposées.

Dans un État libre le droit de choisir ces législateurs appartient également à tous les citoyens. Le restreindre à quelques uns, le soumettre à des conditions de fortune, de position, d'instruction, c'est le convertir en privilége, par conséquent mutiler la souveraineté nationale et violer l'égalité.

Celui qui fait les lois est le maître : c'est pour cela que tous doivent y participer, et que le chef de l'État lui-même, à moins de circonstances exceptionnelles, n'est jamais investi du droit législatif tout entier.

Cependant il doit en avoir sa part, dans l'intérêt même du pays, et la constitution des États les plus libéraux n'a pas manqué de la lui faire. Généralement il prépare les lois et les présente, toujours il participe à leur discussion et seul il a le droit de les promulguer.

Sa haute position, qui lui permet de connaître mieux que personne les besoins de l'Etat, jointe au devoir qui lui incombe de faire exécuter les lois, justifie pleinement ici son droit d'initiative et de participation.

8

La Constitution la plus parfaite et les meilleures lois n'ont aucun effet si elles ne sont pas exécutées. Le pouvoir exécutif est donc aussi nécessaire que le pouvoir législatif.

Les citoyens d'un Etat peuvent encore moins veiller à l'exécution des lois que concourir directement à leur rédaction ; il leur faut donc de nouveaux mandataires, un ou plusieurs, qui les remplacent dans cette tâche ainsi que dans les détails de l'administration publique ; il leur faut un gouvernement.

La nécessité de l'unité dans la direction des affaires a fait, presque partout, préférer le gouvernement d'un seul à celui de plusieurs ; comme les avantages qui résultent de la persévérance et de la suite dans les projets ont fait prédominer le gouvernement monarchique héréditaire sur le gouvernement républicain électif.

Tous deux ont leurs inconvénients : la lutte périodique et souvent incessante des partis, l'instabilité dans les personnes et les plans sont les grands vices du gouvernement républicain ; l'engourdissement et l'incapacité sont quelquefois ceux du gouvernement monarchique. Mais chacun a aussi ses qualités qui le rendent préférable pour certains peuples, à certaines époques, dans certaines circonstances.

Les peuples jeunes et aventureux préfèrent généralement la forme républicaine, tandis que la monarchie convient mieux aux peuples anciens, afin de maintenir les rapports nécessaires entre leur présent, leur passé et leur avenir, ainsi que les relations établies avec les autres peuples. Aujourd'hui, d'ailleurs, les inconvénients des gouvernements monarchiques sont de beaucoup atténués par l'intervention des représentants du pays dans la confection des lois et par leur droit de contrôle sur les actes de l'administration.

Ce serait se tromper étrangement que de croire que la forme monarchique est moins favorable à la liberté que la forme républicaine. Dans les grands Etats c'est tout le contraire. Rien n'est plus fatal à la liberté publique que les luttes des partis qui se disputent le pouvoir et divisent périodiquement la nation en vainqueurs et en vaincus, en oppresseurs et en opprimés. Dans la monarchie héréditaire, il n'y a ni vaincus ni vainqueurs. Le chef de l'Etat, ne tenant son pouvoir d'aucun parti, n'a point de motif pour favoriser les uns au détriment des autres; son intérêt comme raison lui fait un devoir de se montrer impartial envers

ais qu'il s'agisse d'un gouvernement monarchique ou in, le chef de l'Etat n'en est pas moins le manda-ays qui l'a choisi, qui le maintient au pouvoir descendants par un consentement au moins toujours le droit de lui retirer son mandat apable ou indigne de le remplir.

poléon Ier reçut la couronne impériale des peuple, il prononça, devant le Sénat, ces mémorables paroles qui indiquent, à la fois, l'origine de toute monarchie et la condition de sa durée :

« Je soumets à la sanction du peuple la loi de l'hérédité.

« J'espère que la France ne se repentira jamais des honneurs dont elle environnera ma famille.

« Dans tous les cas, mon esprit ne sera plus avec ma postérité le jour où elle cesserait de mériter l'amour et la confiance de la grande nation. »

9

Le chef de l'Etat ne peut veiller par lui-même à tous les détails de l'administration. Il a besoin d'auxiliaires qui le représentent et agissent en son nom dans les différentes branches du service public; il lui faut des ministres qui aient sous leurs ordres d'autres fonctionnaires, lesquels commandent à leur tour à des employés inférieurs dont la série descend jusqu'aux dernières ramifications de l'organisation politique et civile.

Tous ces auxiliaires relèvent du chef suprême du gouvernement. C'est parce qu'il est responsable de leurs actes qu'il a seul le droit de les nommer et de les révoquer. S'ils tenaient leur mandat des citoyens ou des représentants des citoyens, ils ne dépendraient plus du chef de l'Etat, qui ne pourrait compter sur eux pour l'accomplissement de sa mission; l'anarchie s'établirait en permanence dans l'administration des affaires, au grand détriment du pays.

Bien que le chef du gouvernement soit indépendant du

peuple et de ses représentants dans les fonctions qui lui sont attribuées, et qu'il ait seul le droit de prendre les mesures nécessaires pour les remplir, il n'en reste pas moins soumis au contrôle des mandataires du pays, auxquels il est tenu de rendre, à des époques déterminées, compte de sa gestion. Sans cela, il pourrait engager la nation, tant au dedans qu'au dehors, dans une voie dangereuse d'où il serait souvent difficile de la tirer.

C'est par ce droit de contrôle régulier que la nation surveille la conduite générale de ses affaires et reste toujours maîtresse de ses destinées. Mais le contrôle doit suivre et non précéder les actes, autrement ce ne serait plus un contrôle, ce serait une direction : or, si les représentants du peuple prétendaient à la direction des affaires publiques, les rôles seraient complétement intervertis ; le gouvernement passerait des mains du chef de l'Etat dans les leurs, il deviendrait alors un gouvernement parlementaire, c'est-à-dire le gouvernement de la confusion et de l'impuissance, que Proudhon, qui le connaissait pour l'avoir vu à l'œuvre, caractérisait par ce mot énergique : « Le gouvernement de *la blague.* »

10

Résumons-nous :

La liberté est la même pour tous ; c'est l'apanage, non de quelques-uns, mais de la nature humaine.

La liberté n'a de limites que dans les lois, et les lois

n'ont d'autorité qu'à la condition d'être les mêmes pour tous.

L'égalité est la condition essentielle de toute liberté, de toute organisation politique et sociale.

La liberté est religieuse, civile, politique.

La liberté religieuse est le droit de choisir sa religion et de la pratiquer.

La liberté civile, le droit de disposer de sa personne et de ses biens.

La liberté politique, le droit de concourir à l'établissement de la constitution, des lois et du gouvernement de l'Etat.

Telles sont les véritables libertés fondamentales dont la réunion forme l'idéal d'une société perfectionnée. Toutes les autres ; la liberté de réunion et d'association, la liberté de la presse, la liberté industrielle et commerciale ne sont que les conséquences ou les instruments des trois premières.

11

L'homme isolé est faible ; il ne devient fort qu'en s'associant avec d'autres, et l'association lui est d'autant plus nécessaire qu'il est personnellement plus dénué de moyens de travail et de fortune. Aussi le droit d'association, bien qu'appartenant à tous, est-il particulièrement la ressource des classes laborieuses, l'instrument de leur émancipation, la condition première de l'amélioration de leur sort. En mettant en commun leurs bras d'abord, leurs économies ensuite, les petits et les pauvres parviennent peu à peu à se soustraire à la domination des riches et des forts, puis à entrer avec eux en partage des bénéfices jusqu'ici réservés à la puissance du capital. De petits ruisseaux qui, isolés, se perdaient dans le sol, finissent, en se réunissant, par former des rivières et des fleuves. L'association est le grand levier de la démocratie moderne ; si elle sait s'en servir, elle soulèvera le monde.

Mais il faut se garder de détourner l'association de son but. Elle est industrielle, commerciale, agricole ; elle ne peut être politique. Son but est d'alléger les souffrances et d'augmenter le bien-être de ses membres ; elle doit rester étrangère aux affaires de l'Etat dont la constitution, les lois et l'administration sont réglées par la volonté nationale ; autrement chaque association formerait un Etat dans l'Etat, et jetterait la société dans une perturbation incessante. La liberté d'association est donc subordonnée à la liberté politique : de là l'interdiction des conspirations et des clubs.

Les conspirations se proposent de renverser l'ordre politique ou social établi. Elles agissent dans l'ombre et le secret, ce qui est déjà contre elles une présomption fâcheuse. Cependant elles peuvent avoir leur raison d'être et leur excuse dans les Etats organisés en opposition avec l'intérêt général et les libertés publiques ; mais dans les sociétés démocratiques, où tous les droits sont reconnus et respectés, les conspirations ne sont pas moins criminelles qu'inutiles.

Des réunions accidentelles de citoyens pour s'entendre sur la marche à suivre dans une circonstance importante, comme, par exemple, au moment du renouvellement des élections, ou lorsqu'il s'agit de recommander au gouvernement une grande mesure d'utilité publique, ne sont ni des conspirations ni des clubs; mais comme il est facile de rendre ces réunions dangereuses, les gouvernements, même les plus libéraux, ont toujours eu le droit de les surveiller, de les autoriser ou de les interdire.

12

La liberté de parler et d'écrire sur toutes les questions religieuses et sociales, politiques et économiques, est aujourd'hui un droit reconnu à tous les citoyens. Mais comme cette liberté dégénère facilement en abus et peut être des plus nuisibles aux particuliers ainsi qu'à l'Etat, la législation l'a, partout, entourée de limites plus ou moins étroites, selon le caractère du peuple, la forme de son gouvernement et les circonstances où il se trouve.

Aucune liberté n'étant illimitée, celle de la presse, la plus dangereuse de toutes, ne saurait être sans limites. Mais elles sont faciles à déterminer, et le champ qui lui reste est encore assez vaste pour qu'elle puise s'en contenter.

Le domaine naturel de la presse comprend à la fois celui des faits et celui de la discussion.

Dans le domaine des faits la presse n'est limitée que par le devoir de respecter la vérité, en même temps que l'intérêt des particuliers et celui de l'Etat.

Dans le domaine de la discussion elle n'est tenue qu'à la bonne foi, à la sincérité.

Publier des faits faux ou dénaturer les vrais, c'est

mentir au public, calomnier les individus ou l'Etat; or la calomnie et le mensonge n'ont jamais été des droits.

Publier des faits vrais, mais qui peuvent nuire soit à la fortune, soit à la réputation des particuliers, soit aux projets du gouvernement, c'est attenter aux droits d'autrui ou faire acte de mauvais citoyen.

Discuter, sans exposer le pour et le contre, des questions religieuses, économiques ou politiques, devant un public généralement incapable de juger par lui-même, c'est abuser de sa bonne foi, l'induire volontairement en erreur et manquer envers lui de cette sincérité qui doit présider à toutes les relations sociales.

Attaquer la constitution, les lois, le gouvernement que le pays s'est librement donnés, c'est attaquer la volonté nationale, exciter à la perturbation de l'ordre établi; c'est commettre le crime de lèse-majesté populaire.

Aucune considération ne saurait dispenser la presse de respecter ces limites. Son droit et son devoir sont de faire connaître au public les faits et les questions qui peuvent l'intéresser, mais sans nuire ni aux intérêts des particuliers, ni à ceux de l'Etat.

13

Toutes les libertés s'enchaînent; l'une appelle l'autre. La liberté industrielle et commerciale n'est pas moins nécessaire que les libertés religieuse, politique et civile.

Les lois prohibitives et protectrices sont autant de priviléges en faveur des producteurs contre les consommateurs. Elles violent également la liberté et l'égalité ; elles bouleversent l'ordre établi par Dieu lui-même qui, en variant les produits du sol selon les climats, et ceux de l'industrie selon les aptitudes des peuples, leur a fait une loi de la nécessité des échanges, afin d'établir entre eux ces relations incessantes d'où doit sortir un jour la paix universelle et l'union de tous les membres de la grande famille humaine.

14

Ces principes posés, appliquons-les à la situation actuelle de la France. Voyons ce qu'elle possède et ce qui lui manque dans les libertés indispensables à toute société bien organisée.

Et, d'abord, la liberté *religieuse*. Est-il vrai qu'en France tous les cultes jouissent d'une égale protection, que chaque citoyen a le droit d'adopter la religion qui lui plaît, et même de n'en admettre aucune ? S'il en est ainsi, comme personne ne le conteste, il faut en conclure qu'aujourd'hui, en France, la liberté religieuse ne laisse rien à désirer.

Aucun autre État de l'Europe ne jouit, au même degré, de cet avantage. En Russie, en Allemagne, en Turquie, en Espagne, en Italie, en Angleterre même, ce prétendu foyer de toutes les libertés, partout des restrictions à la liberté des cultes, des privilèges pour la religion dominante, des persécutions, des exclusions, des entraves pour les cultes dissidents. Sous ce rapport, la France est donc le pays le plus libéral de l'Europe.

15

N'en est-il pas de même pour la liberté civile? Où trouver non-seulement en Europe, mais dans le monde entier, un Etat où le citoyen soit plus complétement maître de lui-même, où ses droits soient mieux protégés et respectés, où les lois qui concernent ses biens et sa personne soient plus équitables, c'est-à-dire plus conformes au droit et à l'égalité?

S'il est vrai que la liberté soit le contraire du privilége, n'est-ce pas en France seulement que tous les priviléges ont disparu? Déjà, la nuit du 4 août 1789 les avait abolis; mais le Code Napoléon en a rendu le retour à jamais impossible. Il a organisé la législation française d'une manière si conforme aux principes proclamés par les diverses assemblées de la Révolution, que l'esprit d'égalité est devenu, en quelque sorte, partie intégrante de la vie de la nation, que, riches et pauvres, grands et petits, tous se courbent naturellement sous l'inflexible niveau de la loi commune.

C'est cette inappréciable égalité devant la loi que toutes les nations nous envient ; c'est à l'établir chez elles que tendent tous les efforts de leur libéralisme. Un Allemand nous disait dernièrement :

« On se trompe beaucoup en France sur le sens de notre esprit démocratique. La démocratie allemande ne rêve qu'une chose : l'égalité des droits que votre Code vous a si admirablement départie, qui fait de tout Français un citoyen, qui impose à tous les mêmes charges et les appelle également à participer aux avantages de l'Etat. Pour s'élever, en France, aux plus hautes fonctions, il ne faut que du mérite et l'occasion ; chez nous, il faut, avant tout, la naissance. A quiconque n'est pas inscrit sur le livre de la noblesse, les hauts grades de l'armée, de la diplomatie, de la magistrature, de l'administration même sont interdits ; les rares exceptions qu'on peut citer ne font que confirmer la règle. Chez vous seulement on peut dire que le soldat porte dans son sac le bâton de maréchal, et l'avocat ou le professeur, dans les plis de sa toge, le brevet de premier ministre. Cette égalité vous a coûté cher, nous le savons ; mais nous donnerions la moitié de nos biens et de notre sang pour en avoir une pareille. »

16

Le complément naturel de la liberté civile est la liberté industrielle et commerciale. Ce n'est que depuis peu que la France a compris l'importance de cette dernière liberté ; et encore a-t-il fallu pour l'établir chez elle la haute intelligence et toute l'énergie d'un gouvernement populaire. Sans cela les préjugés des uns, les intérêts des autres et l'ignorance de tous auraient maintenu la France dans cette situation non moins absurde que funeste, qui l'isolait de ses voisins, sacrifiait les intérêts des masses à ceux de quelques-uns, et qui, sous prétexte de protéger la production nationale, la condamnait à l'immobilité. L'introduction de la liberté des échanges dans les lois françaises est un des plus beaux titres du gouvernement impérial à la reconnaissance du pays.

17

Cependant il ne faut rien dissimuler. Si, en France, la liberté civile et l'égalité devant la loi ne laissent rien à désirer, il y a encore, dans la répartition des charges et des avantages publics, des inégalités que le progrès social doit faire disparaître.

Les charges publiques sont l'impôt et la conscription.

Malgré tous les efforts qui ont été faits, depuis le commencement du siècle, pour répartir l'impôt d'une manière équitable, c'est-à-dire proportionnellement aux ressources de chacun, on n'y est point encore parvenu. Les différentes parties du sol ne donnent plus les mêmes revenus et n'ont plus la même valeur qu'il y a soixante ans; cependant l'impôt qu'elles payent est resté tel qu'il était alors. Une nouvelle répartition, pour arriver à la peréquation de l'impôt foncier, est donc devenue nécessaire; mais il est juste de dire que le gouvernement s'en occupe.

Parmi les impôts de consommation, quelques-uns, notamment celui de l'octroi, pèsent particulièrement sur les classes laborieuses et gênent la liberté des transactions. Il y a là aussi une réforme indiquée à la sollicitude du gouvernement et des représentants du pays.

Mais la plus urgente des réformes en matière d'impôts est de faire disparaître l'inégalité choquante qui existe entre les valeurs mobilières et la propriété foncière. Celui qui possède ou qui cultive le sol paye à l'Etat plus du dixième de son revenu, tandis que le rentier, le capitaliste ne payent rien. En rétablissant sur ce point l'égalité, le gouvernement y trouverait encore un moyen facile de dégrever les charges de l'agriculture.

18

L'impôt que certains publicistes ont appelé *impôt du sang*, parce que, en effet, il oblige souvent ceux qui le payent à verser leur sang pour le pays, n'est pas non plus à l'abri de la critique. Tous les Français, âgés de vingt ans accomplis, sont bien également sujets à la conscription; mais les uns peuvent aisément se soustraire à ses conséquences, tandis que les autres ne le peuvent pas; et les jeunes gens que leur position force à consacrer les sept plus belles années de leur vie au service militaire, sont précisément ceux dont le travail est le plus nécessaire à leur famille et à leur avenir. Qu'importe à un riche de payer deux ou trois mille francs pour exempter son fils? mais une pareille somme est au-dessus des ressources de l'ouvrier et du paysan. L'impôt de la conscription est donc *forcé* pour les uns et *facultatif* pour les autres. Il y a là évidemment quelque chose qui s'accorde mal avec l'égalité.

Pour y obvier, faut-il, comme en Prusse, astreindre tous les jeunes gens, sans exception, au service militaire? Le remède serait pire que le mal, ou du moins ne servirait qu'à l'étendre à tous. Mais n'est-il pas possible de trouver une combinaison qui, tout en permettant aux riches de s'exempter de cette charge, la ferait considérer par les pauvres comme un avantage ? Ne peut-on pas, au moyen d'une contribution payée par ceux qui restent en faveur de ceux qui partent, former un pécule assez attrayant pour composer entièrement l'armée de soldats volontaires ?

Le goût militaire est assez répandu en France et le sort des classes laborieuses assez pénible pour que l'Etat, sur plus de 300,000 conscrits, trouve, chaque année, les 25 ou 30,000 hommes qui lui sont nécessaires, sans recourir à d'autre moyen que l'appât de quelques mille francs assurés à chaque soldat après son congé ; d'autant plus qu'à ce stimulant viendraient se joindre la perspective d'autres sommes affectées aux réengagements, l'espoir de monter en grade, et la certitude d'une retraite aujourd'hui suffisante pour mettre les anciens défenseurs du pays à l'abri du besoin.

Grâce aux mesures prises par l'Empereur, l'état militaire, en France, est déjà une carrière ; par cette nouvelle combinaison, elle deviendrait plus avantageuse et plus attrayante encore. Mais le principal avantage, c'est que l'inégalité qui existe sur ce point disparaîtrait de la démocratie française.

Il va sans dire que les exemptions légitimes, déterminées par la loi, seraient maintenues. Mais la révision aurait lieu pour tous les conscrits, sans autre exception que pour ceux qui préféreraient s'en dispenser en versant le prix d'un remplaçant. On comprend combien la caisse des soldats volontaires y gagnerait. Que de riches aimeraient mieux faire un sacrifice d'argent que de révéler publiquement une infirmité !

Tous les conscrits impropres au service en seraient exempts de droit, nul ne pouvant être obligé à une charge qu'il est incapable de remplir. Tous les valides y seraient astreints, mais avec la faculté de s'en libérer en payant chacun sa part de la somme destinée à indemniser les remplaçants, et cette part serait d'autant plus faible qu'un plus grand nombre contribuerait à former la somme totale.

La conséquence de ce nouveau mode de recrutement de l'armée serait nécessairement la suppression du tirage au sort. On ne s'explique pas comment ce vieux reste des coutumes barbares du moyen âge se soit conservé jusqu'à nous. N'est-il pas, à la fois, injuste et insensé de faire dépendre du hasard une charge aussi grave que celle du service militaire, et de mettre en loterie le sang de la jeunesse du pays ? Est-ce qu'on tire au sort les autres impôts ?

Il est temps de faire disparaître une pareille anomalie. Déjà les mesures prises par le gouvernement pour améliorer le sort du soldat ont préparé la voie de cette réforme, et l'extension de la caisse de l'armée pourrait en fournir les moyens.

19

A ces inégalités dans les charges, il faut ajouter certaines inégalités dans les avantages sociaux.

La constitution française déclare bien que tous les citoyens ont des droits égaux à la fortune et aux fonctions publiques, et l'on voit fréquemment des hommes partis des derniers rangs de la société s'élever au plus haut degré de la richesse et des honneurs ; on ne peut cependant disconvenir que si la carrière est ouverte à tous, tous n'ont pas les mêmes moyens de la parcourir.

Pour occuper les fonctions les plus élevées et les plus lucratives, ce qu'il faut, surtout, c'est une instruction supérieure que les classes les plus nombreuses n'ont ni le loisir ni le moyen de se donner. Malheureusement il en sera ainsi longtemps encore. Tout ce que peut faire le gouvernement pour se conformer aux conditions de l'égalité démocratique, c'est de multiplier les écoles et de les rendre, par la gratuité, accessibles à tous.

Le moyen, pour les classes laborieuses, d'arriver à la fortune, ou du moins à l'aisance et à l'indépendance, est peut-être plus à leur portée. Ce moyen, que l'expérience et le bon sens leur indiquent, c'est l'*association*.

En mettant en commun leur travail et leurs épargnes, les classes laborieuses se procurent au plus bas prix les objets de consommation, elles fabriquent et vendent leurs produits sans intermédiaire, accroissent leurs économies, deviennent capitalistes à leur tour et arrivent à pouvoir réaliser, par elles-mêmes, ces grandes entreprises dont la gloire et les profits semblaient devoir être l'apanage exclusif des riches.

Que leur a-t-il manqué jusqu'ici pour entrer dans cette voie si désirable ? La connaissance des bienfaits de l'association et la suppression des entraves légales qui les empêchaient d'en profiter. Ces bienfaits commencent à être appréciés, et les entraves de l'ancienne législation , grâce au projet que le gouvernement a soumis aux Chambres, vont disparaître. Le sort des classes laborieuses sera désormais dans leurs mains. La vieille lutte entre le travail et le capital fera place à leur alliance pacifique et féconde.

20

Quoi qu'on en puisse dire, la liberté politique, en France, n'est pas moins supérieure à celle des autres Etats que la liberté civile. Avec le suffrage universel direct, chaque citoyen possède et exerce une part égale de la souveraineté nationale. La constitution , les lois, la forme et les conditions du gouvernement, tout cela émane de sa volonté. Il nomme depuis le plus modeste conseiller municipal jusqu'au chef de l'Etat. S'il a fait de mauvais choix , si les affaires publiques sont mal conduites, il ne peut s'en prendre qu'à lui-même.

Où trouver quelque part, dans les temps anciens ou modernes, une liberté politique aussi absolue? Toutes libertés ne sont-elles pas impliquées dans le suffrage universel; et celles qui manquent encore à la France, ne peut-il pas les lui donner quand elle les réclamera? Si le pays est aujourd'hui privé de la liberté des réunions politiques et de celle de la presse, n'est-ce pas uniquement parce qu'il l'a voulu?

Fatiguée des agitations stériles, des sanglantes émeutes de la dernière révolution, et convaincue que la licence des clubs ainsi que les déclamations des journaux en étaient les principales causes, la nation a donné au chef qu'elle venait de choisir le pouvoir de les supprimer ou de les contenir dans les limites que sa prudence et l'intérêt de l'ordre social lui feraient juger nécessaires. La France a-t-elle changé d'avis; est-elle aujourd'hui convaincue que la faculté de réunion ne dégénèrera plus en clubs dangereux, et que la presse, redevenue libre, ne s'inspirera que des conseils de la sagesse et des grands intérêts du pays? Si cela est, il ne tient qu'à elle de le faire savoir au chef de l'Etat, qui pourrait difficilement résister à l'expression d'un vœu national.

Mais est-ce bien là l'opinion de la France? Malgré ce qu'en disent certains journaux, il est permis d'en douter.

Que, pendant une période de quinze ans de tranquillité et de prospérité inouïes, les esprits se soient rassurés, les institutions affermies, et que la nation ait appris à faire un meilleur usage de ses libertés, personne ne le conteste, pas plus qu'on ne saurait mettre en doute le désir de la classe éclairée de voir la presse débarrassée de certaines entraves. Mais, quelles sont ces entraves, et jusqu'à quel point peuvent-elles être supprimées sans danger? Là est la question.

<h2 style="text-align:center">21</h2>

Aujourd'hui le gouvernement a le droit d'accorder ou de refuser l'autorisation de fonder de nouveaux journaux;

de redresser, par des *communiqués*, les erreurs de ceux qui sont établis ; de les prévenir, par des *avertissements*, de la voie funeste où ils peuvent s'engager ; de les *suspendre* et même de les *supprimer* s'ils y persévèrent. C'est là, tout le monde en convient, un pouvoir énorme qui pèse de tout son poids sur la responsabilité du gouvernement et dont il serait heureux de se débarrasser, du moins en partie, s'il croyait pouvoir le faire sans compromettre les grands intérêts qui lui sont confiés.

Cependant, à bien l'examiner, ce pouvoir exceptionnel, que les circonstances ont, d'ailleurs, amplement justifié, n'a que deux attributions qui l'empêchent d'être un pouvoir parfaitement normal ; nous voulons parler du droit d'autorisation et de celui de suspension ou de suppression. L'un et l'autre sont également un obstacle à la liberté de la presse, et tous deux ont le grave inconvénient de permettre d'accuser le gouvernement d'être quelquefois juge dans sa propre cause.

Quant au droit d'adresser aux journaux des *communiqués* pour rectifier leurs erreurs, il n'est pas moins dans l'intérêt du public que de la vérité ; les *avertissements* mêmes ne peuvent qu'être utiles aux feuilles qui les reçoivent, puisqu'ils les préviennent des dangers auxquels elles s'exposent. Ces deux droits, que la législation actuelle sur la presse a établis, sont au-dessus de toute critique.

Peut-on en dire autant du droit d'autorisation et de celui de suppression ? Le gouvernement et les institutions du pays ne trouveraient-ils que des adversaires dans les nouveaux journaux qui pourraient s'établir ; leur multiplicité n'en diminuerait-elle pas l'influence, particulièrement celle des feuilles qui profitent aujourd'hui du privilége qu'elles tiennent du gouvernement pour taire le bien qu'il fait, exagérer ses fautes et dénaturer ses intentions ?

Y aurait-il, enfin, un danger sérieux pour l'ordre établi, si le gouvernement, au lieu de laisser à un ministre le droit absolu de suspendre et de supprimer un journal, c'est-à-dire de détruire d'un trait de plume une propriété quelquefois considérable, confiait ce droit à un tribunal spécial, comme il en faut un pour juger la presse avec connaissance de cause, composé d'hommes éminents par leur position, leur talent, leur indépendance, choisis dans les grands Corps de l'Etat et la haute magistrature, donnant ainsi au gouvernement comme au pays toutes les garanties ?

Avec un pareil tribunal qui seul aurait le pouvoir de décider du sort des journaux, en laissant d'ailleurs la presse soumise, pour les délits communs, à la justice ordinaires et en conservant au gouvernement le droit des communiqués et des avertissements, peut-être lui serait-il possible de renoncer à son droit d'autorisation. Alors la presse ne serait plus sous un régime exceptionnel, et le gouvernement se trouverait déchargé de la responsabilité la plus délicate que les grands intérêts de la France aient pu lui imposer. Mais c'est à lui surtout qu'il appartient d'apprécier la situation et de juger si elle lui permet de procéder à une pareille réforme.

22

Nous avons signalé avec une égale franchise les libertés dont jouit la France et les réformes qu'elle peut désirer. De cet exposé fidèle, quoique rapide, tous les esprits sincères concluront avec nous que, s'il manque encore quelques pierres au couronnement du magnifique édifice de ses institutions, aucun autre pays n'en possède d'aussi complétement démocratiques et libérales ; que, par conséquent, elle a droit d'en être fière, comme elle l'est, à juste titre, de sa puissance et de sa gloire.

FIN

Paris. — Imprimerie A.-E. ROCHETTE ET Cᵉ, boulevard Montparnasse, 72-80